4/05/2017

Regalo de Magda y J
en nuestro 1er viaje a Puer

La casi casi Primera Dama

©Primera edición: febrero de 2017

2017, Alexandra Fuentes
©La casi casi Primera Dama
©Fuentes, Alexandra 2017
©Publicado bajo el sello de Publicaciones de la Capital,
una división de Plan B Incorporado.

Dirección postal: Garden Hills Plaza PMB #359, Carr. 19
Guaynabo, PR 00966-2700
Dirección electrónica de la autora: casicasiprimeradama@gmail.com
Teléfono: 1 (787) 793-1164
ISBN: 978-1-61887-922-6
También disponible en *e-book*.

Todos los derechos reservados. Ninguna porción de este libro podrá ser reproducida, almacenada en algún sistema de recuperación o transmitida en cualquier forma o por cualquier medio —mecánicos, fotocopias, grabación u otro— sin la autorización previa por escrito del autor.

Esta es una obra de anécdotas y vivencias personales de la autora.

Dirección editorial y edición: Ivonne L. Class
Dirección y revisión del texto original: Aixa Sepúlveda Morales
Lectores del texto original: Dr. David Bernier
Foto de portada: Una cortesía de Nicole Sabater, AD Vice Puerto Rico
Fotógrafo de portada: Edwin David "Chimbo"
Relaciones públicas: Helga García, Perfect Partners

Agradecimiento a GFR Media por las columnas y las ilustraciones del libro.
Imprenta MOP, Humacao, Puerto Rico
Primera edición

La casi casi Primera Dama

Alexandra Fuentes

CONTENIDO

Dedicatoria	7
Prólogo	9

Capítulo 1
La solidaridad se paga con solidaridad 13

Capítulo 2
Cambiar para bien 19

Capítulo 3
Sin maquillaje 23

Capítulo 4
¡Alegría pa'l pueblo eh! 31

Capítulo 5
Sumar, sumar, sumar 37

Capítulo 6
Ocúpate más, preocúpate menos 45

Capítulo 7
Esperar lo mejor, prepararse para lo peor 51

Capítulo 8
Cuando se apagan las luces 59

Apéndice
- Columna 1: Cinta versus peseta 65
- Columna 2: Un honroso tercer lugar 67
- Columna 3: Hay que esforzarse para lograr resultados 69
- Columna 4: Dos velas 72
- Columna 5: Mancha de plátano 74
- Columna 6: Actitud ante la vida 76
- Columna 7: La cremita de Miranda 78
- Columna 8: La fuerza de ser auténtica 80
- Columna 9: El cliente no siempre tiene la razón .. 82
- Columna 10: El buen trato no se olvida 85
- Columna 11: Hay que evitar tener la "mecha corta".. 87

Dedicatoria

Papi y mami:

Aquí está impreso el sacrificio y el gran amor con el que me criaron. Orgullosa de la sangre que corre por mis venas.

PRÓLOGO

Recuerdo aquella noche con lujo de detalles: "Ale, voy de camino a casa. No te acuestes. Tenemos que hablar sobre algo muy importante". Ese fue el texto que mi esposo David Bernier me envió al celular cuando ya el día estaba por concluir. Fue un mensaje que provocó que se me humedecieran los ojos al instante. Sabía que cuando llegara a casa, vendría a decirme que presentaría su candidatura a la gobernación de Puerto Rico. No fue algo que me tomó por sorpresa, pero admito que tenía la esperanza de que aplazara sus planes. El sentimiento anti-gobierno que se percibía en toda la Isla, sumado a las circunstancias políticas que vivíamos en ese momento, hacían casi imposible que se pudiera pensar en una victoria. No me parecía justo que un hombre que había entregado un servicio honesto y desprendido a su país, tuviera que cargar con una derrota ajena.

En fin, me senté en uno de los escalones que están frente a la puerta principal de mi casa, ansiosa, esperando a que llegara. Aquellos 20 minutos fueron eternos, pero, finalmente apareció. Me miró fijamente. Lo vi firme, seguro y muy tranquilo... como de costumbre. Ustedes y yo sabemos que David tiene sus encantos, pero no es un artista de cine.

Así que debo confesarles que esa seguridad en sí mismo fue la que me enamoró. Y ya estaba medio hipnotizada de nuevo por esa mirada serena, cuando me dio un beso, me abrazó y me regresó a la realidad con sus palabras: "Nos toca, amor. Tenemos que correr para la gobernación de Puerto Rico". Comencé a llorar sobre su hombro. Le dije que no era justo para él, que al Partido Popular le tocaba perder y que su esfuerzo sería en vano. Fue entonces cuando me contestó con una frase que he seguido aplicando a mi vida y que él repitió con convicción durante su discurso inaugural como candidato oficial: "El deber se cumple cuando nos toca, no cuando nos conviene. Cumplir con el deber nunca es en vano". Poco podía decir ante aquella contundente expresión.

También recuerdo mi intento frustrado de persuadirlo para que no presentara su candidatura. Fui a comprarme "armas de combate" a Victoria's Secret y, a pesar de la noche amorosa, como quiera amaneció como candidato y yo como posible Primera Dama. Sabrán que eso era algo que nunca, pero nunca, estuvo en mi "wish list" de vida.

Así comenzó una de las etapas más extrañas e interesantes que he vivido, en la que reí, lloré, sufrí y disfruté, pero sobre todo, crecí como ser humano. También fue una etapa en la que me vi obligada a emplear todo lo aprendido en este difícil transcurrir, desde el garaje de mecánica de mi papá donde me crié, hasta ver mi sueño realizado de tener un show de televisión propio.

Pero nada es diferente en la vida. Todo se repite. Los mismos principios que me ayudaron a ser la mejor mesera del restaurante "La Habichuela Colorá", la mejor cajera de Kmart, y la mejor vendedora de perfumes, también me ayudaron a llegar a la televisión y a manejar la campaña política que dignamente me tocó correr junto a mi marido.

Como perdimos, algunos se preguntarán a qué me refiero cuando digo que "me ayudaron". Esa pregunta es muy válida y resume de cierta manera de lo que se trata este libro. La aspiración principal en la vida debe ser solo una: ser felices. Todo lo demás, incluyendo los triunfos y las victorias, tiene valor, pero no siempre el resultado final habla de la valía del esfuerzo. Por lo tanto, debemos procurar que la forma en que luchamos por obtener un resultado nos dé tanta satisfacción como el resultado mismo. Existen tantas formas de luchar en la vida como personas en el mundo. Aquí comparto la mía con ustedes. Es una forma de luchar y vivir que, si bien no es perfecta, me ha ayudado, más que a triunfar, a ser feliz. Eso es lo verdaderamente importante.

Capítulo 1

LA SOLIDARIDAD SE PAGA CON SOLIDARIDAD

El anuncio de la candidatura a la gobernación que ofreció mi esposo David Bernier me generó muchas preocupaciones. Aun así, no tuve dudas cuando me llegó el momento de respaldarlo. La solidaridad se paga con solidaridad. Así como él había sido incondicional conmigo en otros asuntos, debía serlo con él en esta importante ocasión.

Había trabajado muy fuerte para llegar a la televisión y aún más duro para tener mi propio show, "Alexandra de Noche". En aquel entonces, el programa se encontraba en su mejor momento. Saber que tendría que hacer una pausa para moverme a la política era una realidad muy fuerte, pero inevitable. Quien requería de mi ayuda no era cualquier persona. Además de ser el padre de mis hijos y el amor de mi vida, era ese hombre que nunca faltó cuando más lo necesité. En aquellos tiempos en los que hacía un programa de radio que se transmitía bien temprano en la mañana, él era quien se encargaba de levantar y preparar a los nenes para llevarlos a la escuela. Luego, salía hacia Naranjito a trabajar como dentista y, en las tardes, atendía su rol como Presidente del Comité Olímpico de Puerto Rico. Hacía todo esto sin quejarse. Es más, hasta le sobraban fuerzas para darme ánimo.

Para eso están los matrimonios: para ayudarse, crecer juntos y hacerse más fuertes durante el proceso. Esto no es algo que se logra por arte de magia. Tienes que cultivarlo, trabajarlo día a día.

En una pared de nuestro cuarto, tengo escrito lo siguiente: "Testigo de amor, fuente de sentimientos, de los más lindos. Fábrica de sueños e ilusiones, donde terminan los debates y aflora la paz. Lugar de crianza, parque de diversión, escuela y hospital. Lugar de tregua, escenario neutral, altar de rezos, reflexiones y perdón, donde inevitablemente se consumirá gran parte de la vida; de la parte buena de la vida".

Este mensaje que decora esa pared, sirve de espaldar a nuestra cama. Decidí colocarlo allí luego de una conversación que tuve hace algún tiempo con mi suegro, un profesor de matemáticas retirado y un sabio de pueblo. Don David me explicaba cuál había sido su fórmula para vivir lleno de felicidad por tantos años. Entre muchos consejos que me dio ese día, me llamó la atención el siguiente: "Una pareja solidaria, un trabajo que te guste y una buena cama donde dormir. Ahí se te va gran parte de la vida".

Me pareció totalmente normal que mencionara la pareja y el trabajo, pero no así el asunto de la cama. Además, el contexto en el que me lo dijo, me obligó a la reflexión.

Irremediablemente, pasaremos de seis a ocho horas diarias durmiendo. Eso equivale al 33 por ciento de nuestras vidas. A ello hay que sumarle las horas adicionales que consumimos entrando y saliendo del cuarto, viendo televisión y compartiendo con nuestros hijos.

No serán muchos los espacios como este, en donde pasemos tanto tiempo. Es el lugar en donde comienza y termina la jornada diaria. Es de donde debemos salir y regresar sonrientes. Ahí surgen las mejores ideas. Justo ahí, mientras estamos acostados mirando hacia el techo. Es donde planificamos el futuro y soñamos… literalmente.

Al estar relajados, la sensibilidad aflora. Nos comunicamos mejor con nuestras parejas, expresamos el amor de forma más intensa. Igual pasa con nuestra conexión con Dios, a quien debemos agradecer al cerrar los ojos en la noche y al abrirlos en la mañana.

Por más difícil que haya sido nuestra jornada, por más malos ratos que hayamos pasado, debemos encontrar la calma antes de acostarnos. Platicar con nuestra pareja sobre lo ocurrido en el día. Dialogar de lo bueno y lo malo. No acostarnos peleaos. Tenemos que resolver cualquier controversia. En resumen, debe ser tal y como menciona el mensaje: un espacio de "tregua". Claro, y de amor. Por eso dejo la puerta abierta, para esperar la entrada de mis nenes a medianoche. Ellos buscan acurrucarse junto a mí en la cama cada noche y esa es una de las cosas que más disfruto. Don David siempre ha vivido de forma muy sencilla en la misma casa. Así que cuando hablaba de "una buena cama", sabía que no podía referirse a una que fuera costosa o de buena calidad, por lo que quise que me aclarara.

"No importa el tamaño del cuarto ni la calidad del 'mattress', hasta en el piso se duerme bien cuando se tiene la conciencia tranquila. Cuando se obra bien".

A eso se refería el suegro. Hay distintas formas de decir lo mismo, pero al final, la fórmula para ser feliz es una sola.

Aquella noche, en aquel cuarto donde tantas veces nos hemos profesado amor mutuo, me comprometí con mi esposo a dejar el alma y el corazón para ayudarlo a lograr su sueño. Me sentí muy bien porque estaba haciendo lo correcto. Estaba cumpliendo con los principios de vida que había escrito en aquella pared, y que tanto me han ayudado a ser feliz; a vivir plenamente. Y de la cama, puedo decir que jamás me había sentido tan cómoda durmiendo en ella.

CAPÍTULO 2

CAMBIAR PARA BIEN

El cambio que se aproximaba a mi vida era dramático, muy complejo. Tenía que adaptarme a él y tratar de que me afectara lo menos posible. No podemos subestimar los eventos que alterarán nuestra rutina. La mejor forma de afrontarlos es entenderlos, tratarlos y abrazarlos.

Recuerdo el día en el que el oftalmólogo me dio la noticia de que Miranda necesitaba espejuelos. Parecía algo sencillo, pero para una niña como ella, a quienes ustedes conocen muy bien, sería algo drástico. Teníamos de frente el reto de lograr que no se quitara los lentes, excepto para bañarse y dormir. Así que preparamos todo un evento para recibirla en casa. Compré espejuelos para que papá y Adrián la recibieran con ellos puestos cuando llegara de la escuela. Claro, no me quedé atrás, me puse los míos también y le demostré mi admiración por lo bonita que se veía.

En mi hogar sabíamos que mejorar la visión de Miranda era una tarea de todos. Así que nos unimos para ayudarla a adaptarse. Se trata de hacer la gestión máxima y prepararnos para enfrentar nuestra nueva realidad de la mejor manera posible. Nos fue tan bien haciendo nuestro el cambio de Miranda, que hoy día no quiere cuenta con sus espejuelos. Dice que es ella quien mejor ve en toda la casa y me pidió unos lentes para que sus muñecas se vean "súper extra mega duper extra mega brutales".

Los cambios siempre vienen acompañados de un periodo de ajuste que en ocasiones nos resulta incómodo. Sin embargo, siempre lo superamos y hasta recordamos el momento con cariño porque nos trae grandes lecciones. Por ejemplo, la partida de aquel novio que tanto nos hizo llorar, ahora entendemos que fue necesaria para vivir con la persona a quien amamos hoy. Aquel trabajo que perdimos, nos ayudó a descubrir nuevas pasiones y nos trajo otras oportunidades que ahora nos permiten ganarnos la vida. Ese accidente de auto que tuvimos nos enseñó a ser más cautelosos. La enfermedad nos hizo ver que tenemos que cuidar mejor de nuestra salud. Así, cada situación, por incómoda que sea, siempre nos trae nuevas oportunidades. "No hay mal que por bien no venga", dice el refrán.

Muchos cambios han tocado a la puerta de mi vida. Cada día me parecen más normales, aunque no dejan de sorprenderme. Pero cuando se asoman, trabajo con el ajuste que se requiera y los visualizo como el inicio de una nueva oportunidad.

Claro, ello no significa que porque tengamos que hacer algunas alteraciones, permitamos que estos nuevos escenarios cambien nuestra esencia. El caminar por la vida nos enseña que tenemos que estar abiertos a nuevas formas de hacer las cosas. Cambiar para bien es lo importante.

El problema es que, en actividades como la política, uno ve lo contrario. Muchas personas cambian para mal y dejan que las pasiones que se generan en el fragor de la campaña trastoquen sus valores y su forma de ser. Yo me propuse seguir siendo la misma desde el día que me enteré que estaría inmersa en estos menesteres.

"Como somos hasta donde Dios lo permita". Esa era nuestra consigna, no solo política, sino de vida.

SIN MAQUILLAJE

La nueva encomienda me ponía los pelos de punta, pues aunque llevo varios años en los medios de comunicación, este escenario era muy diferente. En la televisión o en la radio, si "metes la pata" o te equivocas, la sacas de inmediato y sigues adelante.

Uno de los *bloopers* más recientes me ocurrió mientras entrevistaba al cantante Guillermo Dávila, a quien quise impresionar diciéndole que era fanática de su canciones. "Guillermo, somos muchas las puertorriqueñas que esperamos tu concierto con ansias para cantar junto a ti todo tu repertorio", le dije.

Hasta ahí, todo iba bien. Pero se me ocurrió añadir: "Mis tres canciones favoritas son: 'Me pongo a pintarte', 'Sospecho que no tienes prisa' y 'Solo pienso en ti'."

Él me miró fijamente y me respondió: "¡Qué bien! El único problema es que todo eso está en una misma canción". ¡Trágame tierra! Fue incomodísimo, pero el momento no pasó a mayores. Solo nos echamos a reír en el estudio y pa'lante. Pasamos el mal rato y, después, todo se olvidó.

Sin embargo, la nueva encomienda que tenía junto a mi esposo era más delicada. Cualquier error que cometiera durante mis días como aspirante a Primera Dama afectarían también su candidatura. Por eso quería estar clara sobre las expectativas que su equipo tenía conmigo. Saber qué podía decir y qué no. Le pedí a David que fuera específico. Sabía que en mis manos estaba ayudarle a conseguir unos votitos, pero también podía echar a perder toda su gestión si hacía una de las mías.

Su contestación me dio mucha paz y confianza: "Ale, sé tú misma. Háblale a la gente en tu idioma y a tu forma. Hazlo tal y como lo haces en tu programa. Habla con el corazón", me dijo.

"¿Y si meto la pata?", le pregunté preocupada.

"Pues con el corazón la sacas y sigues adelante", concluyó.

Sentí un gran alivio cuando escuché su respuesta. Es que esa es la única forma en la que sé hacer las cosas: poniendo el alma y el corazón. Expresándome tal y como soy, con mis virtudes y defectos. Además, habría sido un gran error que me pidiera usar "un maquillaje"; que me pidiera ser quien no soy.

Fueron muchos los consejos que me dieron, todos de buena fe: "Estudia a Doña Inés, la esposa de Don Luis Muñoz Marín", me recomendaban algunos. Otros me hablaban de Doña Fela, de Evita Perón y de una que otra líder, cuyo paso por la vida dejó una gran huella.

Lo interesante es que, mientras más información buscamos sobre la trayectoria de cada una de estas grandes líderes, más nos reafirmamos en que lo que las hizo trascender fue su autenticidad. Por lo tanto, siempre debemos seguir nuestro instinto, proyectarnos tal y como somos. Eso nos hará fuertes.

Hace dos años, hice un programa especial en "Alexandra de Noche" en el que todas las invitadas, al igual que yo, nos presentamos con el rostro al natural. Nada de base, *concealer*, pestañas, ni otros truquitos. Estábamos totalmente sin maquillaje.

Querendonas de la televisión y mujeres de la política fueron las valientes de aquella noche. Quisimos presentarnos en cámara tal y como somos, para que la gente se lo vacilara, pero también pretendíamos crear una atmósfera de diálogo abierto que le permitiera a la audiencia conocernos un poquito mejor. Más allá de lo que se ve en cámara, al quitarnos el maquillaje, presentamos también a las madres, esposas, amas de casa, mujeres comunes y corrientes con alegrías, penas y sueños inconclusos.

Si bien las luces, el escenario y, sobre todo, la nueva tecnología *high definition* hacen de ese maquillaje que nos cubre las imperfecciones un instrumento importante en nuestro trabajo, este no puede convertirse en una armadura que nos impida proyectarnos como somos. Al natural.

Tenemos que ser muy conscientes de esto, pues en la vida, al igual que en la televisión, lo glamoroso y materialmente espléndido puede nublar el entendimiento. Nos lleva a confundir lo que es verdaderamente importante. Las cosas primordiales se sienten en el corazón, no hay duda sobre ellas.

No podemos dejar de expresar amor con un beso porque las bembas estén recién pintadas de colorao. No debemos negar un abrazo para evitar que se nos estruje la blusa. Mucho menos aguantar el llanto que necesita nuestro corazón para sanar porque no queremos echar a perder el maquillaje.

El esfuerzo por complacer a los demás tiene que tener límites, incluso entre quienes nos ganamos la vida en el mundo del entretenimiento. No podemos alejarnos de nuestra esencia ni presumir ser quienes no somos para agradar a los demás a costa de nuestra felicidad. Al final, no lograremos ni una cosa ni la otra.

Tampoco nos confundamos. No se trata de dejarnos de hacer nuestros arreglitos. Siempre tenemos que vernos lo mejor posible, pero conscientes de que el maquillaje y todo lo que nos pongamos por encima será un complemento de lo que realmente somos.

Enemigo acérrimo de la expresión natural es el materialismo. Repito, nada en contra de comprarnos nuestras cositas cuando se puede y lucirlas con elegancia. Pero evitemos convertirlo en un culto a lo material, al punto de que cuando falte nos haga sufrir.

Aprender a vivir con poco es igual que ser rico y de todo lo que aprendí en mi casa, con mis viejos, esto es algo que valoro mucho.

Hace un tiempo, buscando en las gavetas encontré unas fotos que me llenaron de mucha nostalgia. En una aparezco frente a un espejo vistiendo un trajecito color rojo que también usé para mi graduación de noveno grado. En otra, observo a mi papá mientras él, arrodillado sobre la grama del patio de mi casa, realiza el clásico cambio de zapatilla de quinceañera.

Imposible no sentir un taco en la garganta al recordar aquel momento. Sobre todo porque esas fotos fueron la única celebración que tuve en mis 15 años. En aquel momento papi estaba apretao económicamente y mami embarazada de su cuarto hijo.

Mi papá, como de costumbre, me dijo la verdad. El año anterior le había celebrado a mi hermana mayor su quinceañero con una fiesta sencilla en mi casa, pero esta vez no había dinero para festejar mis 15 de la misma manera.

"De todas formas quiero que te vistas bonita para tirarte unas fotos y que las puedas guardar de recuerdo", me dijo con una mezcla de sentimientos.

A pesar de que era aún una adolescente, comprendí perfectamente las razones de mi padre, pues crecí viéndolo romperse la espalda en el garaje de mecánica donde trabajaba, y sabía que los chavos no siempre daban.

Cuánto me alegro de que me haya dicho la verdad. Que no saliera corriendo a pedirle dinero a un amigo o a coger un préstamo en la cooperativa, que luego podría traerle problemas a la familia. Cuando no se puede, no se puede.

Haberme celebrado el quinceañero, comprometiendo el dinero de las obligaciones principales del hogar, hubiese sido irresponsable. Tiene que haber sido un trago amargo para el viejo que se desvivía y aún se desvive por complacer siempre a sus hijos. Pero, lo enfrentó como se suponía.

Éramos conscientes de nuestra realidad de vida y sabíamos apreciar el sacrificio que hacían nuestros padres.

Este principio nos aplica a todos, independiente de nuestra realidad económica. Crecer valorando las cosas y sin rendir culto al materialismo nos prepara para los momentos difíciles. Si no hace falta, no se debe comprar, punto. Aunque haya dinero disponible. Me dio mucho gusto haberme encontrado con esas fotos que, como papi quería, me han hecho recordar aquel bonito momento. Esos retratos, además, me han servido para reafirmar el orgullo inmenso que siento de haber sido criada con tanto amor y sacrificio.

Así como nos debemos alejar del materialismo, debemos hacer lo mismo con todos los sentimientos negativos que lamentablemente abundan en la sociedad, entre los que se encuentran, por ejemplo, la envidia y la hipocresía. Esto lastima nuestro espíritu y nos van alejando de la gente, poco a poco, sin que nos demos cuenta. Ser auténticos nos hace libres, fuertes y felices. Así debemos procurar vivir y así me aseguré de presentarme al país en aquellos días de mi complicada aventura política.

Capítulo 4

¡ALEGRÍA PA'L PUEBLO EH!

Además de ser auténticos, tenemos que sentirnos a gusto con lo que hacemos. De lo contrario, será imposible tener éxito. Si no estamos acostumbrados a un escenario, debemos hacer los ajustes necesarios para que estemos bien. Fue lo que me tocó hacer para sobrevivir en el ambiente político.

Uno de los detalles que tuve que afinar en esos días de campaña política fue mi vestimenta. Además de verme bonita, tenía que estar cómoda. A nadie se le ocurriría ir en tacones a una caminata. Tampoco en unas tenis sucias a una noche de gala. Cada cosa en su sitio y en su momento. Me aseguraba de que nada de esto fallara cuando tenía que asistir a algún evento.

En las caravanas y caminatas, nunca faltaba la música de Límite 21, con el corito de "Alegría pal pueblo". Eso me llenaba de ánimo, a mí, y a todo el equipo. Bueno, nos duró solo hasta el cierre de campaña. Lamentablemente, Límite 21 se fue a tocar al evento del PNP y nosotros buscamos a Jowell y Randy, que para colmo de males, en medio de su presentación, se equivocaron y gritaron "¡Arriba la palma!". Al final, levantaron la pava, así que... qué cará.

La realidad era que esa energía que nos daba la música de pueblo en cada caminata, era importante para disfrutar de aquella ardua tarea que incluía muchas muestras de simpatía y cariño. No les puedo negar que, de vez en cuando, me enseñaban el dedo del medio o algún dedo pulgar hacia abajo y hasta me hacían la clásica señal de degollación, en una grosera expresión de desaprobación.

"¿Por qué tanta hostilidad en respuesta a un simple saludo?", pregunté en aquella primera caravana a quienes me acompañaban. Sorprendida, me percaté que algunos de los que iban en mi grupo les devolvían las mismas señales. De inmediato les pedí que dejaran de hacer esas expresiones porque un insulto no cancela otro, sino que lo valida. Esto es desagradable para cualquier persona pero, sobre todo, para alguien que no esté acostumbrado a la hostilidad política. Como yo.

La política nunca me ha gustado mucho y, luego de terminar la pasada campaña, no he cambiado de opinión. No crecí en ese mundo. Siempre lo he asociado con problemas, peleas y traqueteo. Esto no significa que no tenga clara la importancia de elegir a los mejores candidatos posibles por el bienestar del pueblo. También soy consciente de lo necesaria que es la participación ciudadana en los procesos democráticos. Pero siempre he tratado el asunto de lejitos… lo más lejitos posible. Antes de entrar a este terreno, era de las que me metía en un tapón provocado por una caravana y me molestaba. Así que sabrán que lo último que me podría pasar por mi mente en aquellos días, era la posibilidad de que me tocara hacer campaña. Incluso, la primera vez que participé en una primaria fue el año pasado. Por lo tanto, se podrán imaginar lo difícil que me resultó adaptarme a este ambiente.

Quizás lo más difícil fue enfrentarme a la actitud partidista de: "estás con aquellos o estás con nosotros". La gran mayoría puede controlar este tipo de comentario, pero en cada partido hay un pequeño sector que ve esto como algo de vida o muerte.

Ese calor lo sentí de inmediato en mis redes sociales. Para algunas personas lo bueno se transformó en malo tan pronto mi esposo anunció su candidatura. No escatimaban en insultos. Barrer el piso conmigo se volvió casi un pasatiempo. Unos me nombraron "La Primera Dama Yal" y otros me decían "La Cafre Mayor". Hasta fueron capaces de inventar una historia en la que aparecía preñá en una iglesia para detener una supuesta boda. Aunque se trataba de un pequeño grupo, no dejaba de molestarme, sobretodo porque yo no les había hecho nada.

Es increíble ver cómo la política partidista cambia la mentalidad de la gente hasta el punto de generar odio hacia personas que no conocen. La pregunta es, ¿qué ganan con eso? ¿Por qué pelear e insultar a quienes no conocen? Hay gente que lleva toda una vida con gríngolas, sin darse la oportunidad de mirar más allá de lo que siempre han conocido. Se cierran a la posibilidad de conocer a otros con quienes seguramente coinciden en asuntos más importantes de la vida.

Si hay algo que le agradezco a mis padres es el haberme criado sin ningún tipo de venda. Ellos me enseñaron a tener visión panorámica, a disfrutar de la vida en toda su amplitud. Me educaron para respetar al que piensa diferente, a encontrar siempre el lado bueno de las personas, a mirar sus virtudes y enfatizarme en ellas.

Digo, eso no evita que a veces nos desenfoquemos y nos desviemos del verdadero propósito de la vida, que es ser felices. A todos nos toca ir a una fiesta en donde está esa persona que nos "saca por el techo" y a quien "no podemos ver ni en pintura". Pero nos toca manejarlo, de la manera que sea, con el único propósito de lograr nuestra felicidad y aprender a convivir sanamente.

Esto es tan sencillo como cuando trabajamos en nuestras resoluciones de año nuevo. Está chévere incluir en esa lista bajar las libritas que se ganan en el "lechoneo" navideño y eliminar el cigarrillo o el alcohol... pero ahí también debemos incluir aumentar los niveles de tolerancia y respeto hacia los demás.

Siempre hago mis resoluciones. Me gusta planificar el año y ponerme mis metas. Algunas son personales, otras familiares, pero trato de que todas tengan un norte común: mi felicidad y la de quienes me rodean. Al final, de eso se trata la vida, de aspirar a ser felices. Rebajar por rebajar no tiene sentido si al final no te hace feliz. Pero verte y sentirte bien contigo mismo, tener salud para disfrutarla con tus hijos y familiares, terminará haciéndote feliz. Decide a favor de tu paz y no te busques problemas.

Pensé en esto cuando enfrenté esas duras críticas y burlas en medio de la campaña, así que opté por no desenfocarme, mirar hacia lo positivo y ser feliz.

Tenía de frente un nuevo reto y me dediqué a hacer lo que más me gustaba: disfrutarme el contacto con la gente. Les di todo mi tiempo, les canté, les bailé, me senté en sus salas a echar chistes y cada día me iba sintiendo más en familia.

Eso es lo que tenemos que hacer en nuestro camino por la vida: enfocarnos en lo importante; evitar que lo negativo drene nuestra alegría y nuestro entusiasmo. Esa fue la fórmula que me ayudó a seguir firme en mi meta de llevar "¡Alegría pal pueblo eh!".

Capítulo 5

SUMAR, SUMAR, SUMAR

Dios creó a los seres humanos para vivir en sociedad. O sea, si queremos triunfar y ser felices, tenemos que bregar con la gente, nos guste o no. Soy de las que piensa que cada día debe terminar con un saldo neto positivo de amistades. Siempre es importante que conozcamos personas nuevas o que reconectemos con aquellos seres queridos a quienes hace tiempo no vemos.

En el caso de la campaña política, esa también debe ser la razón de ser: sumar, sumar y sumar. No es distinto a lo que hace falta en la vida. Eso no ocurre por gravedad. Seremos socialmente exitosos si nos comportamos de acuerdo a lo que eso requiere. Les recomiendo siempre hablar bien de la gente y evitar los bochinches. Cuando no tengamos nada bueno que decir, el silencio es inteligente. No ganamos nada "pelando" al que no está. Si estamos entre amigos y no podemos evitarlo, como puede pasar, es recomendable que pongamos más el oído que la boca. Debemos evadir los problemas; economizarlos para cuando sean inevitables. Tampoco debemos imponer siempre nuestro punto de vista. Hay que respetar a las personas que piensan diferente y escucharlas. Si sacamos cuenta de todas las veces que terminamos haciendo ajustes a nuestro punto de vista, simplemente, por permitirnos escuchar al que piensa diferente, nos sorprenderíamos.

También es nuestro deber ser agradecidos con quienes nos dan la mano. Por pequeño que sea el gesto, todo el que tiene la intención de agradarnos o de ayudarnos merece nuestro reconocimiento y agradecimiento.

Siempre recordaré aquel día que iba camino a mi hogar en Guaynabo, como de costumbre, y me tocó hacer una parada en el puesto de verduras en Altamira para comprar algunas cositas. Es el que queda en esa área de Guaynabo que se inunda con cualquier aguacero.

Me estacioné frente a la carpa y de inmediato escuché un grito: "¿Con qué cuento viene hoy Alexandra?" Era Franklin, el dueño del puesto. Un simpático obrero dominicano que se gana la vida en aquel pedazo de acera.

Trabajador incansable, como la mayoría de sus compatriotas residentes en la Isla para quienes no existen los días feriados. Nos hicimos amigos hablando de deportes y farándula. Siempre me daba su opinión sobre lo que se hablaba en "Dando Candela", pero me decía que no le gustaba el chisme.

Si algún equipo de su país le gana a Puerto Rico, me recibe gritando algún refrán dominicano. Atiende a sus clientes con el corazón. Si voy con los nenes arranca un guineo y se los da. La nena ya se acostumbró y se lo recuerda cuando nota que nos vamos y Franklin no se ha puesto pálido.

Aquel día le pedí lo necesario para hacer un sancocho. Luego de entregarme las verduras, me dio una bolsa de recao y me dijo que era el aguinaldo de Navidad, que no tenía que pagarlo. Traté de no aceptarlo, pero fue imposible. Le dije, ¡feliz Navidad!, y se lo agradecí.

"Pero no hay tregua. Este año lo que hay es fuete para los equipos boricuas", me gritó mientras me despedía con su típica sonrisa de cachete a cachete.

Aquella bolsa de recao tenía mucho significado para mí. Franklin vive de las ventas de sus viandas, frutas y vegetales.

Es lo que tiene y fue eso lo que ofrendó. No regaló de lo que sobraba o había perdido utilidad, sino de lo que le permite alimentar a su familia. Lo hizo con amor y deseo genuino de agradar, como deben ser los aguinaldos, generando más satisfacción en quien lo otorga que en quien lo recibe. Lo poco o mucho no es lo importante. La bolsa de recao de Franklin tuvo para mí tanto o más valor que el más ostentoso regalo.

Agradecer las bendiciones con una plegaria es importante, pero demostramos verdadera gratitud cuando compartimos lo que tenemos.

Ese menudo o pesito que ponemos en la mano extendida del mendigo; el almuerzo que le damos a quien tiene hambre; y la ayuda a quien la necesita en algún momento dado, puede cambiar una vida, aunque sea por un instante, y nos hace mejores seres humanos. Sin juzgar ni preguntar el porqué de la necesidad, si nos choca de frente y tenemos la posibilidad de ayudar, debemos hacerlo.

El aguinaldo de Franklin llegó a la olla como él quería, ayudando a sazonar tremendo sancocho. Con aquel sencillo gesto del recao, Franklin no solo ganó uno de sus clientes más fieles sino a una amiga que disfruta siempre de su simpatía cuando se detiene a comprar en su puesto.

Cuando sumamos todos esos pequeños momentos vamos construyendo la película de nuestra vida. Sé que todos aspiramos a que sea un buen drama, pero de alegría, no de penas. Sin embargo, eso solo será posible si ponemos de nuestra parte. El arte de sumar, requiere también de nuestra disposición a perdonar. Pongámonos a pensar por un momento en los buenos amigos y amigas con los cuales, por alguna razón, hemos perdido contacto. Así esa amistad se haya perdido por casualidad o por alguna otra diferencia que parecía irreconciliable en un momento dado, quizás hoy, al repensarlo con la mente fría, nos damos cuenta de que no era nada del otro mundo.

En mi caso, el mahón de la discordia es un buen ejemplo. Unas de mis amigas más cercanas en mis años de escuela superior reveló un secreto que le había pedido que guardara con su vida. Luego de una discusión de adolescentes sobre alguna tontería que no recuerdo, ella decidió romper su voto de silencio en señal de venganza.

"¿Ven esos mahones de Alexandra? ¡Son falsos!", dijo en voz alta frente a nuestras compañeras de clase.

"Ella quiere meternos la 'guayaba' de que son marca Pepe, pero la verdad es que ese parcho se lo pegó la mamá. Ella me lo dijo", terminó diciéndole a todos.

Me quedé paralizada. La risa en el lugar era incontrolable. Traté de hacer como si no me importara, pero resultó imposible esconder mi enojo. Cuando ya la pavera se estaba apagando, el más charlatán de los muchachos, casi sin aliento de tanto reír, salió en mi "defensa" diciendo que mis mahones "sí eran Pepe". Dijo que él había visto a mami comprándolos en "Pepe Ganga", una tienda del pueblo. Ahí me acabé de fastidiar. Fui la comidilla, no del día, sino de todo el semestre. Luego de ese incidente no he vuelto a saber de quien era una de mis mejores amigas, pues, precisamente, al finalizar ese semestre nos fuimos a la universidad.

Así como recordé este episodio, han venido a mi mente muchos otros que de alguna forma también provocaron el distanciamiento de alguna buena amiga o amigo. En otros casos he sido yo la victimaria, con iguales consecuencias. La mayoría han sido tonterías que se exageraron, malos entendidos y hasta mala "suerte". Situaciones que no tuvieron el privilegio de una segunda oportunidad. Eso no borra los buenos momentos vividos y los sentimientos de amistad y cariño.

Ya comencé a hacer la lista de personas con quienes intereso reconectar para tratar de recuperar el tiempo perdido. Agraciadamente la lista no es muy larga, pero sí importante. Hoy Facebook y Twitter facilitan la búsqueda, no tenemos nada que perder y mucho que ganar. Nos toca dar el primer paso si queremos sumar en nuestras vidas.

Capítulo 6

OCÚPATE MÁS, PREOCÚPATE MENOS

Habrá momentos en que el esfuerzo máximo no será suficiente y, aunque hagamos todo bien, las cosas puedan salir mal. Por eso es importante nunca perder la calma. Controlar nuestras emociones y no permitir que sean ellas quienes nos controlen. De esta manera podremos hacer una evaluación fría y desapasionada de nuestra realidad, para ver con claridad cuáles son aquellas cosas que podemos mejorar, y las que requieren toda nuestra energía y esfuerzo. Si permitimos que lo que ya pasó afecte nuestro ánimo y nos quite fuerzas para atender la tarea diaria, entraremos en un círculo vicioso que solo terminará trayendo desánimo a nuestra vida. "Agua pasada no mueve molino". La historia debe servir como referencia útil para mirar al futuro, pero si recurrir a ella te da tristeza o afecta tu ánimo, asume entonces que hoy es tu primer día de vida. Así comienzas a dejar esas pesadas cargas en el camino y piensas solo en lo que está por venir.

Recuerdo esa mañana en la que salió la primera encuesta del periódico El Nuevo Día que colocaba a mi esposo con una desventaja de 12 puntos. Yo estaba destruida. Temprano en la mañana, cuando fui a la sala, él estaba tomando café y me había servido el mío con una sonrisa.

"Papa, ¿estamos jodíos? le pregunté.

Aunque eran las cinco de la mañana cuando le hice la pregunta, el tema ya era cosa del pasado para él. Me dijo que ahora había que comenzar a trabajar para salir mejor en la próxima encuesta. Algo similar me ocurría en los inicios de mi programa de televisión. Los números de sintonía me llegaban diariamente a eso del mediodía y, cuando eran positivos, yo entraba al estudio con el ánimo por las nubes. Sin embargo, cuando los resultados eran malos, llegaba con el moco en el piso. Con el tiempo me di cuenta de que se suponía que mi actitud fuera a la inversa: que el resultado malo me empujara a esforzarme más para mejorar los números al otro día.

Antes de aprender la lección, y en esos primeros días del programa, decidí hacerle caso a una recomendación que me dio mi buen amigo Raymond Arrieta: dejé de mirar los números en lo que el proyecto tomaba vuelo y se estabilizaba. Con el tiempo lo fui entendiendo como algo natural, así que hoy veo las encuestas con tranquilidad y me sirven como una herramienta útil de trabajo.

Los seres humanos estamos hechos para sentir emociones; éstas son las que sazonan y le dan sentido a la vida. Pero a la vez, si no las podemos manejar, nos pueden hacer la vida de cuadritos. Si no tomamos el control, un problema simple puede magnificarse. Esto puede llegar a convertirse, incluso, en un reto diario.

Una tarde llamé a mi esposo ahogada en llanto por un mal rato que pasé en el trabajo. Cuando él me escuchó llorando, me interrumpió para preguntarme si nuestros hijos, Adrián y Miranda, estaban conmigo y si estaban bien.

"Si están conmigo y están muy bien", le contesté.

"Pues ahora dime qué te pasó, amor", añadió enseguida.

Aquello fue terapéutico. Como por arte de magia, David me hizo entender que lo que me estaba haciendo llorar realmente no era tan importante, después de que nosotros estuviéramos bien. Era solo un coraje que mis emociones habían magnificado a tal punto que llegué a verlo como un gran problema. Esto tenemos que entenderlo bien, de lo contrario, podemos hacernos mucho daño pensando que las cosas comunes que nos ocurren a diario son problemas que solo nos pasan a nosotros. Comenzamos a ver siempre la grama del vecino más verde, cuando probablemente él tenga más problemas que nosotros, pero ha encontrado la fórmula de manejar mejor sus emociones. Durante la campaña tuve que aplicarme este principio de control de emociones en altas dosis, de lo contrario aquello se hubiera convertido en un martirio. Si le hubiese hecho caso a cada ataque que lanzaban, a cada rumor que ponían a correr en las redes sociales, no habría podido ocupar el tiempo en lo verdaderamente importante, que era cumplir con mi agenda diaria. Tampoco podemos ignorarlo. Tenemos que colocar todo en su justa perspectiva y darle la atención que merece. Ni más ni menos. Cuando la gente que no nos quiere mucho en el trabajo o en donde vivimos sabe que somos vulnerables a las intrigas, se le hace fácil hacernos la vida de cuadritos.

ESPERAR LO MEJOR, PREPARARSE PARA LO PEOR

$\mathcal{A}$quella mañana de las elecciones generales, en casa nos levantamos tempranito, como siempre, a tomar café negro. Aunque los colegios de votación aún estaban cerrados, ya nos sentíamos victoriosos. Dejamos el alma en aquella campaña y no teníamos nada que reprocharnos. "Dar el máximo y dejar el resto en manos de Dios", fue otra de las consignas que habíamos adoptado durante todos esos meses de trabajo. De hecho, es la que deberíamos aplicar siempre en nuestras luchas. Dar nuestro mayor esfuerzo debe ser suficiente para sentir satisfacción. Si llegan buenos resultados, pues le subimos el volumen a la celebración.

En la vida debemos esperar lo mejor, pero también es importante prepararse para lo peor. Todo el mundo está listo para las victorias, mas no así para las derrotas que muchas veces tocan a la puerta de quienes nos atrevemos a enfrentar grandes retos.

Una de nuestras mayores preocupaciones durante aquella campaña era preparar a nuestros hijos para cualquiera de los resultados. Principalmente, para la derrota. Y así comenzamos a hacerlo. Todavía me río cuando recuerdo el día en que fui con los nenes a una entrevista familiar que le querían hacer a David. La periodista le preguntó a Adrián si creía que su papá ganaría las elecciones. Casi se me cae la quijada cuando mi amado hijo mayor contestó que no. No le dijimos nada, solo nos quedamos atentos a su respuesta.

"A ver explícame eso", le insistió la periodista, muy curiosa.

"Papá tiene una competencia muy difícil. Hay mucha gente molesta con el gobierno del Partido Popular, que es el equipo donde juega papá. Pero él lo sabía cuando entró a la competencia", respondió mi niño.

La periodista me miró con cara de asombro y parecía emocionada porque tendría una buena noticia para el día siguiente. Hablamos con ella y le dijimos que aquella era la expresión sincera de un niño a quien su padre le había dicho la verdad. Era esa la manera en la que le habíamos explicado cómo funcionaba un sistema que para él era muy complejo. La finalidad era prepararlo para el peor de los escenarios: la derrota.

Tenemos que trabajar a diario con los conceptos de "victoria" y "derrota" cuando se trata de nuestros hijos. En el caso de Adrián, que es un nene tan competitivo, no hay tregua.

Recuerdo que hace poco más de un año, él era uno de los cinco finalistas en una competencia regional de deletreo. Había pasado varias rondas y las palabras contenidas en la lista original que les fue entregada a los chicos para que las estudiaran se agotaron.

"¡Un aplauso para los cinco finalistas!", gritó el maestro de ceremonias. Luego explicó que a partir de ese momento las palabras a deletrear serían de una lista nueva, diferente a la que ellos se aprendieron.

Estuvimos varias semanas preparándonos. Repetíamos las palabras en voz alta y repasamos las reglas de acentuación; llanas, agudas y esdrújulas. Las "s" y "c", las "b" y "v", y todo lo que era necesario para estar listos.

Él lo tomó muy en serio. La noche antes apenas pudo dormir deseando que ya fuera el día de la competencia.

"Para ganar todos estamos listos. Tenemos que prepararlo por si las cosas no le salen bien", me dijo mi marido, un ex atleta de alto rendimiento acostumbrado a los retos.

Le hicimos varios cuentos de combates de esgrima en los que su padre fue superado. Le conté sobre algunos concursos de poesía y bailes en los que el jurado no fue generoso conmigo.

Enseñarles desde niños a enfrentar los momentos difíciles los ayudará en su formación. Ellos disfrutarán mucho más su paso por la vida y se atreverán a emprender nuevos retos. Ese miedo a que las cosas no salgan bien nos acompañará durante todo nuestro trayecto y es importante aprender a manejarlo.

Comenzada la ronda final, mencionaron el nombre de mi hijo. Se levantó de inmediato y corrió nuevamente hacia el micrófono. Puso los pies de puntitas para alcanzarlo y comenzar a deletrear, mientras su padre respiraba profundo sentado en el público y a mí me latía el corazón tan fuerte que sentía que me daría un infarto.

Adrián, por su parte, lucía seguro y muy alegre. De inmediato la palabra que le pidieron fue "ajedrez". Comenzó a deletrear, hasta que la duda lo interrumpió en la última letra, pues era una palabra que nunca había leído. Cambió la "z" por la "s" y el sonido del timbre que notificaba su eliminación no se hizo esperar. También se oyó un "¡ahh!" en el público, seguido de un fuerte aplauso en reconocimiento a su esfuerzo.

Cabizbajo y con una lágrima en su mejilla, se ubicó en su asiento. No era para menos, había trabajado muy duro y añoraba lograr una de las medallas. Por más que uno se prepare, siempre es duro ver a nuestros hijos tristes. Allí lo abrazamos y felicitamos. Se lamentaba de que la palabra nunca la había leído y no podía distinguir la "s" de la "z" por el sonido. Aprovechamos la ocasión para reforzarle la importancia de aceptar el resultado de su esfuerzo. Lo importante de prepararse bien, como él lo hizo, y disfrutar su participación. Fue una experiencia muy bonita, una escuela de vida para mi hijo, que ya me advirtió que estará estudiando todas las listas de palabras que existan para la competencia del próximo año.

Debo decirles que al llegar a su escuela sus lágrimas desaparecieron. Allí sus amiguitos lo recibieron con aplausos y, de forma mágica, llegó la medallita que tanto añoraba.

Es que los niños perciben las cosas de una manera muy especial. Sus cabecitas van a otra revolución y siempre debemos de estar muy alertas a ello.

Hace un tiempo, me di tremendo "guatapanazo" en la cabeza con la puerta de un gabinete que mi marido, para variar, había dejado abierta. Instantáneamente solté un "¡COÑO!" Después de percatarse que no me había pasado nada —solo el susto y el cantazo—, David se despidió con una pavera interna porque ya se le hacía tarde.

Aturdida por el golpe, con la frente fruncida y balbuceando lamentos, me puse una bolsa de hielo y la retuve por al menos 30 minutos. No me di cuenta de lo atento que Adrián estaba a todo lo que ocurría, hasta que unas horas más adelante, mientras lo mecía en el columpio del patio, me hizo un comentario: "Mamá, ¿eso que está en el cielo es una estrella fugaz?" Era un avión que dejó una estela de humo, pero su emoción fue tanta que no pude decirle en ese momento lo que era realmente. "¿Puedo pedir un deseo?", preguntó, a lo que le respondí: "Por supuesto, mi amor, puedes pedir un deseo cuando así lo entiendas". Cerró los ojos y agarrado a las cadenas del columpio pensó su deseo. Me mataba la curiosidad de saber cuál era esa petición tan especial.

Le dije: "Me gustaría saber ese deseo a ver si te puedo ayudar".

"Mamá, que nunca discutan los papás de ningún niño del mundo y siempre estén juntos". Al indagarle, me confesó que pensaba que su papá se había ido molesto conmigo por la rabieta del gabinete, una impresión que no era cierta, pero en la mente del niño había generado preocupación.

En esa etapa formativa, nuestros hijos son una esponja. Absorben con mucha facilidad todo lo que ocurre en el ambiente, lo bueno y lo malo, sobre todo de sus modelos, papá y mamá. La responsabilidad es enorme y no podemos subestimar ningún gesto ni expresión. Están pendientes a todo y le otorgan una escala de valor a las cosas de manera muy particular. Debemos siempre pensar que nuestros hijos están atentos a nuestros actos y que para ellos cada espacio es un salón de clases y que todo lo que hacemos y decimos es la lección del día.

Si miramos hacia atrás posiblemente recordemos algún momento de controversia entre quienes nos criaron y que al día de hoy no sabemos por qué le damos tanta importancia.

A lo mejor fue algo pequeño, pero como hizo Adrián con el grito del gabinete, le otorgamos un valor especial. Si lo sencillo impacta tanto imaginemos el efecto en la formación que tiene el crecer en un hogar donde el insulto y la falta de respeto sean la norma.

La "estrella fugaz" de Adrián fue una forma de comunicarme sus sentimientos. Estoy segura que de no haberla "visto" hubiera inventado otra. Ese espacio de comunicación directa es importante. Siempre debemos suponer que nuestros hijos tienen algo importante que comunicarnos.

Así pasó con Miranda el día en que una de sus amiguitas le dijo en la escuela que papá perdería las elecciones. Llegó a donde mí hecha un mar de lágrimas. Supe de inmediato que la subestimamos por ser la chiquita y nos enfocamos más en preparar mejor a Adrián, quien estaba más pendiente a todo. Sin pensarlo dos veces, me acerqué a mi niña y le dije: "Miranda, no pasa nada. La próxima vez que alguien te diga eso, tú le dices: 'Pues si papito pierde, mejor. Así lo tenemos más tiempo en casa'".

Ya sabrán que se secó las lágrimas y, al otro día, llegó corriendo a contarme lo bien que le había ido en la escuela después de responder como le había dicho. Después de ese día, en una conversación que tuvimos, me quedé sorprendida cuando me dijo que lo importante era que su papá estuviera feliz. De ahí salió el famoso vídeo que se utilizó en las redes sociales, en el que decía que si las personas hacían una "X" en el nombre de papito, mejor.

Unos lo aplaudieron y otros no. Al final, lo verdaderamente importante es que en nuestro hogar siempre trabajamos para ganar, pero estamos preparados para cuando nos toca perder. Porque, a fin de cuentas, lo verdaderamente importante es el esfuerzo realizado y la felicidad de todos.

Capítulo 8

CUANDO SE APAGAN LAS LUCES

Y llegó la hora de conocer el resultado oficial: habíamos perdido la elecciones. No de forma holgada como anticipaban las encuestas, sino por un estrecho margen de 2.8 por ciento de diferencia. Recibimos los resultados en familia, con tristeza pero con mucho temple. Tanto mi familia como la de David están acostumbradas a la lucha dura y la vida nos ha preparado para los momentos difíciles. Mi esposo nos habló con mucha tranquilidad y nos recordó que él nos había advertido cuán difícil era aquella batalla, pero que sentía un gran orgullo de lo cerca que estuvimos de la victoria. Además, nos dijo: "En la vida lo único imperdonable es no dar el máximo. Tenemos que sentirnos orgullosos por el esfuerzo". Acto seguido, como bien nos correspondía, nos montamos en la guagua para ir hasta el comité del Partido Popular y aceptar la derrota. En el camino buscamos al candidato a Comisionado Residente, Héctor Ferrer, que paradójicamente nos pidió que lo recogiéramos frente a una funeraria. Mi esposo, a son de broma, le preguntó: "¿No había un lugar más adecuado para buscarte?".

Así es la vida, en ocasiones las cosas salen como se planifican, pero otras veces no es así. Trabajamos duro para ganar, pero no fue suficiente. Sin embargo, mi esposo tenía toda la razón: el esfuerzo nunca es en vano.

Crecimos mucho como seres humanos, como familia, e incluso, como profesionales. No tengo duda de que a veces perdiendo se gana. Todo va a depender de la actitud con la cual enfrentemos los fracasos y las caídas. Si nos desmoralizamos y aflojamos nuestro ánimo, realmente estaremos derrotados. Contra, y no es fácil, porque duele no prevalecer, pero tenemos que estar preparados para asimilar los golpes. En esos momentos, tener la tranquilidad de haber hecho el esfuerzo máximo es el consuelo más efectivo. Ese empeño que pusimos será siempre nuestro pasaporte hacia nuevas oportunidades. Eso es cierto en la política y en todo lo que hacemos en nuestra vidas.

Los que trabajamos en el ambiente artístico nos acostumbramos a un constante abrir y cerrar de puertas. Vivimos con la perilla en la mano, lo que nos obliga a evaluar y valorar cada oportunidad. Cuando miro atrás y repaso el camino que me llevó a la televisión, veo casualidades, pero también gestiones que produjeron resultados. Algunas de ellas fueron tan sencillas como tener una buena actitud. Siempre tuve la mano flaca arriba, disponible para los "talent shows" de la escuela y los café teatro de universidad. También llegaba de buen ánimo a todas las audiciones en un intento de abrirme espacio en pasos de comedia de programas como "Sálvese quien pueda".

Por pequeña que sea la tarima debemos hacer siempre lo mejor posible, pues todo trabajo sirve de referencia para el futuro. Fue así como logré una oportunidad en "Pa' que te lo goces", producido por Tony Mojena. Luego tuve la oportunidad de trabajar en "Anda pal cará" y "Dando Candela", ambos producidos por Soraya Sánchez.

Igual a mi primera columna, todas estas oportunidades fueron precedidas por una gestión sencilla que se encontró con la casualidad. Como el vídeo que subí a las redes sociales en mi cuenta de Instagram me abrió las puertas para escribir una columna semanal en Primera Hora, la campaña que recién culminaba también me impulsó a llevar hasta el Centro de Bellas Artes mi primer 'stand-up comedy', que precisamente llamé "La casi casi Primera Dama", y a raíz de eso, este libro que hoy leen.

Y así nos pasa con muchas cosas en la vida. Con la campaña política también gané la oportunidad de sentarme en la sala de un desconocido que me veía por televisión y que me hizo parte de su familia en un abrir y cerrar de ojos. Eso para mí vale muchísimo, porque me ayudó a crecer más como ser humano. ¿Y la derrota? Claro, dolía, pero me quedó una gran satisfacción de que el trabajo que habíamos hecho no había sido en vano. Así me lo demostró la gente, incluso antes de que conociera los resultados. Además, lo hice con el corazón, como cada proyecto al que me entrego.

Las experiencias, alegrías y penas que me acompañaron en el transcurso de lo que me llevó a ser la casi, casi Primera Dama de Puerto Rico, siempre me acompañarán. Pero, sobre todo, el profundo sentido de gratitud hacia quienes creyeron en mi esposo y en mí. No se equivocó David cuando aceptó el reto de aspirar a la gobernación a sabiendas de que era poco probable que prevaleciera. Era su responsabilidad, y la mía, era acompañarlo.

Nada más doloroso para un ser humano que llegar al ocaso de su vida lamentándose por no haber intentado cumplir alguno de sus sueños.

¿Qué me depara el futuro? No lo sé. Lo que sí estoy segura es que enfrentaré los nuevos retos con la misma determinación que mostré durante la campaña. Esperaré nuevamente el mejor de los resultados y tendré prestada una sonrisa para la voluntad de Dios.

APÉNDICE

COLUMNA 1
CINTA VERSUS PESETA

Ninguna oportunidad puede desperdiciarse en el esfuerzo por educar y formar a nuestros hijos como personas de bien.

Aunque estaba arrollá en la cocina, fue inevitable no hacer una pausa en mi gestión culinaria para atender una pregunta de mi hijo mayor, Adrián. "Mami, ¿que tiene más valor, esta peseta o esta cinta?".

Se refería a una cinta de participación que había ganado luego de realizar una presentación musical. De inmediato vi una gran oportunidad para conversar con él. "¿Qué tú hiciste para ganarte esa peseta?", le pregunté. "Nada", me contestó.

Me le quedé mirando fija a los ojos invitándolo a pensar y reflexionar sobre la contestación que me había dado. De inmediato me respondió: "Ya sé, mamá. La cinta vale más porque me la gané con esfuerzo", dijo mi querido hijo.

Aproveché para seguir hablando un ratito sobre el valor que tienen las cosas cuando se logran mediante el sacrificio y el esfuerzo. Convertí el piso de la sala en un salón improvisado que estoy seguro le sirvió de mucho provecho a mi hijo.

Aquella oportunidad me cayó del cielo y no podía dejarla pasar. Pero aquel ratito con él tenía un valor incalculable. Siendo nuestra responsabilidad primaria como madre cuidar, educar y formar a nuestros hijos, siempre que se presente la oportunidad tenemos que aprovecharla. Se aprende mejor cuando los ejemplos que se usan los tocan directamente o, mejor aún, cuando son vivencias propias.

Nos toca a los padres en el hogar ser fuente primaria de enseñanza de valores para nuestros hijos. Eso no es delegable. En la escuela pueden reforzarlos, pero nunca sustituirá nuestro trabajo en el hogar.

Convertir la vida diaria en un salón de clases es una forma práctica y divertida de ayudar a nuestros hijos en su paso por la vida. Al final de nuestra conversación, Adrián abrió la puerta del gabinete donde tiene una pequeña alcancía y echó su peseta. Con la cinta tuvo aún más cuidado. Caminó hasta su cuarto y la colocó al lado del televisor, donde acostumbra poner las cosas que más valora.

COLUMNA 2
UN HONROSO TERCER LUGAR

Celebré hasta el cansancio el tercer lugar logrado por mi hijo Adrián en su Field Day. Por poco no puedo grabar el programa de la ronquera que me gané por tanto gritar durante su carrera. Agraciadamente eran solo unos metros, si llega a ser un maratón me sacan en camilla.

Me aseguré de que se sintiera como si hubiera llegado primero, pues no había diferencia alguna entre su esfuerzo y quienes cruzaron la meta antes que él; era justo que todos sonrieran y disfrutaran de aquel día tan especial. Me derretía al verlo caminar orgulloso con la cintita color blanca, con el número 3 impreso, que una de sus maestras colocó en su camiseta. A todo el mundo se la enseñaba con alegría.

Su papá comentó en las gradas que aquellos 25 metros de carrera le provocaron más nervios que los 400 metros con vallas de Javier Culson en Londres. Estos momentos no pueden subestimarse, no se tratan de una simple carrerita o presentación, son parte del proceso de formación de nuestros hijos y tenemos que asegurar que la experiencia sea buena.

La noche antes su papá se encargó de hablarle a Adrián sobre la derrota y de cómo lidiar con ella. Escuchaba los cuentos e historias que le hacía sobre sus competencias como esgrimista, mientras mi hijo atendía sin pestañear. A pesar de que mi esposo tuvo una destacada carrera como esgrimista, aquella noche solo le habló al nene sobre las veces que las cosas no le salieron bien y fue vencido en sus combates. El denominador común de los relatos era un final de alegría y satisfacción por haber dado el máximo en la competencia, a pesar de la derrota.

Queríamos asegurar que nuestro hijo se levantara tranquilo sin el estrés que provoca la competencia, sobre todo en edades tempranas. Que participara con alegría y aceptara el resultado de su esfuerzo.

Trabajar con nuestros hijos el manejo de las emociones cuando estén expuestos a escenarios de victorias y derrotas es fundamental para su crecimiento. Una mala experiencia puede alejarlo toda la vida de actividades que le hacen bien a su desarrollo, como lo son las artes y el deporte.

Lamentablemente no siempre los programas y ligas tienen esto presente, por lo que nos toca a nosotros, los padres y madres, estar pendientes para compensar cualquier deficiencia. Si se va a dar premiación, todos los niños deberían recibir al menos una distinción. Debemos asegurar que el ambiente en las gradas sea el adecuado, sin presiones indebidas y exageradas hacia nuestros hijos.

También es importante, para los que tenemos más de un niño, evitar aplaudir más a uno que al otro, pues aunque aparenten no importarle, siempre lo resienten.

Ese día de juego o competencia es sagrado, no es momento para regañarlos ni corregirles asuntos de ejecución técnica, de eso se encargará el entrenador o maestro más adelante; es un día de celebración y alegría.

Ya han pasado unos días de aquel Field Day y todavía quien entra a mi casa le toca escuchar el relato de Adrián sobre cómo logró agenciarse ese honroso tercer lugar. ¡Felicidades, mi vida!

COLUMNA 3
HAY QUE ESFORZARSE PARA LOGRAR RESULTADOS

No hay evento deportivo que no me llene la casa de invitados, y la pelea de Orlando "El Fenómeno" Cruz no fue la excepción. Los suegros subieron de Patillas, algunas parejas de amigos, uno que otro vecino y dos cola'os que, como siempre, ¡fueron los más que gozaron!

Desde temprano me propuse preparar una ternera que pusiera a todo el mundo a chuparse los dedos. Heredé la receta de papi, pero admito que ni comprando los productos en el mismo sitio me queda igual. Trato, sin embargo, de acercarme y a veces pienso que lo logro.

No fue el caso ese día, todo lo contrario. Cometí el error de cambiar de ruta saliéndome de la "carretera vieja" para coger por el expreso. Sustituí la olla tizná por una moderna que prometía el milagro de cocción perfecta. Semanas antes había sido seducida por la manguera que se enrolla sola. No sé cuánto me durará, pero de que funciona, funciona.

Con la olla mágica la experiencia fue diferente. Desde que entré con ella por la puerta de mi casa, comencé a recibir malos augurios. "No es la flecha, es el indio", tiraba la puya mi esposo, quien también atacó desde el saque a la manguera "milagrosa".

El mercadeo brutal que acompaña las nuevas creaciones nos hace chocar de frente con todo tipo de artefactos que prometen simplificarnos la vida. Pastillas asombrosas para rebajar, pantalones "levanta-nalgas", sostenes "aumenta-copa"... para cada problema una solución. Todos ayudan de una u otra forma, pero no sustituyen lo esencial. No hay pastilla "corta-grasa" que pueda con Guavate. Si te jartas y no te ejercitas las pastillas no funcionarán, las nalgas seguirán mirando para abajo y la gravedad vencerá al sostén.

A pesar de la modernidad, la vida sigue respondiendo a las mismas reglas y principios. Hay que esforzarse para lograr resultados. Los atajos casi nunca conducen al éxito.

Pasaban los minutos y el guiso no calentaba. Meneaba y meneaba buscando una reacción de la nueva olla, pero nada, como si con ella no fuera.

Resultó inevitable regresar a donde siempre debí quedarme, la olla vieja. Traté de hacerlo sin que David se diera cuenta, pero fallé en el intento. "El vago trabaja doble", le escuché decir a lo lejos y entre risas, contagiándome con la misma.

¡Qué remedio! A comenzar de nuevo y esta vez con la olla y receta original por la ruta larga, como el viejo me recomendó. Nada sustituye el consejo sabio de quienes más han vivido.

Así las cosas, aunque la ternera sufrió una caída en el primer round, supo recuperarse para ganar por decisión unánime en las tarjetas de todos los jueces, quienes a pesar de vacilar toda la pelea con la olla mágica, se dieron un banquete... y pidieron para llevar.

Buen provecho.

COLUMNA 4
DOS VELAS

Celebré mi cumpleaños número 36 con una de las mejores fiestas de mi vida. Fue muy diferente a la que celebré cuando cumplí 26. Acostumbraba invitar a todos mis amigos a algún *pub* o negocio con buen ambiente. Esta vez fue diferente, no hizo falta tanto.

Me encerré en el cuarto en lo que mis hijos y David colocaban sobre la mesa un pequeño bizcocho Pepperidge Farm comprado a última hora en el colmado Díaz de Guaynabo. "Mamá, cierra los ojos, te tenemos una sorpresa", me dijeron todos a la vez, mientras me tomaban de la mano. "¡Sorpresa!", me gritaron al llegar a la mesa comenzando a cantar "cumpleaños feliz" con una ternura que hace inevitable la humedad en los ojos.

Con el corazón les digo que no extraño las buenas fiestas de antaño con música, larga lista de invitados y buen ambiente, pues aunque fue una etapa bonita de mucha alegría y buenos amigos, el disfrute sencillo de la vida en familia no tiene comparación.

Solo dos velitas decoraban el bizcocho, éramos cuatro los invitados; no hacía falta nada más. Aunque se suponía que yo era la homenajeada los más felices eran mis hijos. Soplaron las velas y fueron los primeros en picar el bizcocho. "Es una fiesta de cumpleaños, tenemos que salir al patio a jugar", advirtió mi hijo mayor. Aunque no había "brinca-brinca" ni atracciones como en la mayoría de los cumpleaños a los que asiste, su actitud era como si las hubiese. Jugaron con lo que encontraron hasta el cansancio, igual que lo hacen en las fiestas a las que sus amiguitos de la escuela los invitan. Su padre y yo, al mirarlos, recordábamos los viejos tiempos. Las piñatas "home made" con cuota de dulces por invitado para que dieran para todo el mundo. La fila para ponerle el rabo al burro, el juego de la sillita y el payaso del barrio con los mismo trucos y chistes de siempre que tanto disfrutábamos. El que iba a casa se llamaba Socotroco y era buenísimo. Lo único que al terminar su show se quedaba dándose la fría con el viejo -con el maquillaje puesto- y dejaba todo su equipo de "magia" tirado y accesible a los niños: el conejo de peluche que sacó del sombrero, la varita mágica partida por la mitad, las cartas marcadas, en fin, todo. Al otro año pretendía que le creyéramos los mismos trucos, pero lo disfrutábamos en cantidad.

Acostumbrar al deleite en familia, a lo sencillo, tiene muchas ventajas. Cuando el tiempo o los recursos no lo permiten, las grandes cosas no hacen falta. Crecen los niños valorando aquello verdaderamente importante, ni más ni menos.

Al terminar de jugar mis hijos regresamos a la mesa del comedor. Allí, sentados los cuatro, sin decoración, música ni pomposidades, celebramos uno de los mejores cumpleaños de mi vida.

COLUMNA 5
MANCHA DE PLÁTANO

Buscábamos desesperadamente algún lugar con sombra en una playa llena de turistas, la mayoría estadounidenses. Era una de las últimas paradas realizadas por el crucero y quería asegurarles a los nenes una buena experiencia y que el sol no me atacara mucho a David.

Comencé a "cepillar" el lugar con mi mirada en busca de algún boricua con quien pudiéramos sentarnos y de inmediato choqué con Bimbo, un simpático arecibeño que junto a su esposa, hijas y yerno nos abrieron espacio y se convirtieron al instante en nuestros amigos. No habíamos puesto los bultos en la arena y ya Miranda estaba apretando la prominente barriga de Bimbo y el diciendo "te quiero", "te quiero", simulando ser un peluchito.

El que se inventó el término "mancha de plátano" tenía que ser un genio. No hay una mejor forma de describir la "pinta" que delata al boricua sin la necesidad de escucharle hablar una sola palabra.

Nos detectamos los unos a los otros, tenemos un GPS natural que nos facilita el encontrarnos. Así fue como en aquel crucero, con más de cuatro mil personas de distintas nacionalidades a bordo, terminamos reunidos los boricuas formando el vacilón al que estamos acostumbrados. Basta con escuchar el *cantao*, alguna frase típica o el intercambio de la "r" por la "l" para saber que ahí va uno de los nuestros.

La mancha se nota incluso al verlos parados al lado de su equipaje; es raro que carguemos con un juego de maletas combinado, por el contrario, como en mi caso, de cuatro a cinco bultos diferentes, llenos hasta el tope con todo lo necesario para vacacionar un mes en un crucero de siete días.

Si nos fijamos bien, alguien de la familia de seguro tendrá alguna t-shirt o gorra de promociones; yo llevaba una negra de Telemundo. Las fotos comienzan desde que nos bajamos del taxi y no paran hasta que llegamos a Puerto Rico. Donde nos botamos es en el bufé, sobre todo los primeros días: un poquito de todo para que no nos cuenten y, ¡ahh, siempre algo para llevar! El mantecado infinito... (gran error una barquilla en las manos de los chiquitines). Si nada de esto te resulta suficiente y sigues teniendo dudas sobre si alguien presenta o no la mancha de plátano, una mirada a la pista de baile lo aclarará todo. Allí siempre estamos poniendo sabor y ritmo, además tarareando las canciones latinas, pues la gran mayoría son de artistas puertorriqueños.

Por más lejos que nos vayamos de vacaciones, esa mancha de plátano nos permite siempre encontrar algún buen boricua, como Bimbo, que nos hace recordar que no hay mejores momentos que los que se pasan junto a nuestra gente.

COLUMNA 6
ACTITUD
ANTE LA VIDA

Siempre que comparto con gente que asume una actitud positiva ante la adversidad y continúa viviendo con alegría llego a casa entusiasmada y llena de energía. Me ocurrió hace un tiempo cuando repasé junto a Sandra Zaiter su trayectoria. Para mí, ella es el modelo por excelencia de cómo debemos enfrentar las circunstancias de la vida.

De inmediato te das cuenta de que los problemas que posiblemente nos perturban no son razón suficiente para quitarnos el sueño y que debemos entenderlos como parte normal de la vida.

Tuve una experiencia similar con el ya fallecido comediante Alex Soto, a quien muchos recordarán por su personaje de Tomasa, la pintoresca amiga de Minga y Petraca en "No te duermas", además de sus últimas comparecencias como panelistas en "Dando candela". A Alex, quien también fue imitador, bailarín y actor, le tocó vivir el traumático proceso de perder una extremidad, la pierna derecha, debido a una complicación por su condición de diabetes. Un golpe fuertísimo para quien había pasado toda su vida parado sobre el escenario entreteniendo a la gente. Sin embargo, Alex reaccionó a la noticia con valentía, hizo los ajustes necesarios en su vida y se mantuvo combativo, disfrutando cada momento y trabajando en una oficina desde las 5:00 de la mañana. Su picardía para el humor siguió intacta, "robándose el show" dondequiera que se presentaba, ya fuera como invitado en un programa de televisión o un espectáculo humorístico.

Como a Alex, a cualquiera le puede cambiar la vida en un instante. Tendemos a pensar que estos eventos imprevisibles son problemas y situaciones de otros hasta que nos toca el día.

De pronto nos damos cuenta del privilegio que representa caminar, agarrar y sostener objetos, respirar libremente y otras funciones que la vida nos ha permitido. También de lo pequeño que eran los problemas que nos atormentaban y afectaban el ánimo día a día. Que si aquel habló mal de mí, el tapón hacia el trabajo, el ruido que hace el vecino, las libritas de más, las pulgadas de menos, entre otras angustias triviales que convertimos en cargas pesadas que afectan nuestro desempeño diario. Alex con su ejemplo y actitud hacia la vida, al igual que Sandra y muchos otros, nos presentan razones suficientes para no asumir una actitud pesimista ante los retos de la vida. Nos recuerdan que debemos ser cuidadosos antes de catalogar nuestros problemas como grandes y nos invitan a vivir con más alegría e intensidad.

Hay cosas que no podemos cambiar, que están ahí y nada ganamos con lamentarnos por ellas cada vez que las recordamos. Esto nos quita ánimo y fuerza para atender las que si están en nuestro control. Confiando en que todo pasa para bien y que las cargas vienen acompañadas de la resistencia para sostenerlas, pongamos siempre nuestra mejor cara ante lo que traiga la vida.

COLUMNA 7
LA CREMITA DE MIRANDA

Mi hija Miranda, muy querida por todos ustedes gracias a sus videítos de Instagram, convirtió las cremitas (farina, avena y harina de maíz) en su desayuno favorito.

De pronto, por alguna razón, dejaron de gustarle y comenzó a pedir otras cosas menos nutritivas. Buscando recuperar su gusto hacia las cremas comencé a hacer todo tipo de ajustes: cambié de marca, azúcar, canela, leche, hice de todo y nada resultaba. El pasado miércoles su papá encontró la solución.

Consciente de que llevaba una semana tratando de enamorar a la nena nuevamente con sus cremitas, él decidió incorporar a la receta un nuevo ingrediente que, a juzgar por como quedó el plato, resultó ser mágico. Una foto del plato con residuos de la crema y al lado la cara sonriente de la niña me llegó al teléfono como evidencia, y al lado un mensajito que decía: "Era el chef. En la tarde te revelo cuál es el ingrediente secreto".

Me moría de ganas por saber cómo lo había logrado. ¿Cuál era ese ingrediente que le devolvió el gusto a Miranda hacia sus cremitas? Obviamente no iba a esperar a por la tarde y de inmediato lo llamé. "Cuéntamelo todo", rápido le dije. "Como te escribí, era el chef. Hoy fue Miranda quien hizo la cremita. Le di las tazas de leche, las cucharadas de farina, azúcar y ella lo puso en la olla y lo meneó. Luego me encargué de cocinarlo".

Eran los mismos ingredientes. Solo le añadió la participación de la nena en el proceso. Ahora era su cremita y no el desayuno que yo le servía. Tenía sentido de pertenencia hacia su creación. Me pareció genial y de inmediato tuve que preguntarme por qué no se me había ocurrido. Me hubiera evitado las caminatas por las góndolas del supermercado.

Ese día el padre tenía varias conferencias y me cuenta que usó el ejemplo de la cremita para explicar la importancia de permitir la participación desde el origen cuando se aspira a lograr respaldo de grupos. Nos funciona además en la casa, ya que nada disfrutan más los hijos que participar en los asuntos del hogar. En la marcha se conversa con ellos, se les enseña la importancia de aportar y ayudar en las tareas.

El sentir pertenencia hacia las cosas te lleva además a cuidarlas y protegerlas. Si te fajaste limpiando y recogiendo el cuarto, lo pensarás dos veces a la hora de regarlo nuevamente. Hay que incluirlos con amor y cariño, hacerles la actividad divertida, no imponerlo a manera de regaño. Hacerlos parte del proceso nos permitirá desarrollar una relación de respeto y comunicación en ambas vías, que nos ayudará en el proceso de crianza. No hay método perfecto ni infalible a la hora de criar, pero, sin duda, estos detallitos nos ayudan.

Como podrán imaginarse, el interés por ayudar a la madre en la cocina se extendió al almuerzo y la cena, y se ha convertido en una de las actividades favoritas de la niña y también de la madre.

Bueno, seguimos viviendo, observando y aprendiendo.

COLUMNA 8
LA FUERZA DE SER AUTÉNTICA

No había comenzado el certamen de Miss Puerto Rico Universe y ya la Miss Aguas Buenas de ese año 2015, Nivializ Pérez, estaba dando de qué hablar.

De manera espontánea y natural se detuvo a saludar en un área pública al señor Miguel Ferrer, ex compañero de Bodine Koehler, momento que fue captado por el lente de una cámara, convirtiéndose la foto de inmediato en la comidilla del día.

El rumor duró minutos, pues chocó con la respuesta honesta e inmediata de la candidata: "Me paré a saludarlo porque lo conozco, como lo haría con cualquiera", aclaró la espigada modelo. Acto seguido sorprendió a todos al decir: "Si fuera cierto estaría bien 'montá' y no a pie con el carro en el mecánico", lo que provocó risas entre la gente, además de generar simpatía.

Su explicación fue aceptada como cierta y comenzamos a entender que aquella joven era una candidata diferente. La primera finalista de la competencia que ganó la también hermosa Catalina Morales, además de impresionar por su porte de modelo y elegancia, se proyectaba diferente desde el principio. El corte y color amarillo pollito de su cabello también llamaban la atención, pero había algo más, algo que contagiaba y permitía hacer sentir a la gente que con ella compartía como si la conociera de toda la vida.

Su mayor encanto fue y es su autenticidad. "Quería hacer un 'statement', no necesariamente ganar, me sorprendió que lograra llegar tan lejos", me confesó en entrevista Nivializ.

Se refería a participar en el certamen presentándose tal y como ella es, sin cambiar nada. Así lo hizo, enamorando con sus encantos al exigente jurado. No fue casualidad la respuesta que dio a la pregunta realizada por el galán de "Reina de corazones", Gabriel Coronel. "¿Qué cosas pueden los hombres aprender de las mujeres?" fue su interrogante, a lo que ella de inmediato respondió con mucha naturalidad: "A ser sinceros", añadiendo que es la clave para lograr relaciones de pareja y de amistad saludables. Fue una contestación directa, al grano, sin rodeos y -a su vez- un mensaje directo a un "ex". La respuesta fue consistente con lo que había proyectado en el escenario, que incluyó exhibir un tatuaje en el área del busto que dio también mucho de qué hablar.

Definitivamente, liberamos una gran fuerza cuando logramos proyectarnos tal y como somos, cuando nos quitamos las máscaras y dejamos de pretender ser quienes no somos; cuando decidimos hacer lo que nos hace feliz, independiente de la opinión ajena. Mientras no se le haga daño a alguien, cada ser humano tiene el derecho de decidir la forma en que quiere vivir su vida.

Al que finge ser quien no es tarde o temprano se le nota. Vivamos con intensidad, sin inhibir nuestros sentimientos y proyectando con orgullo lo que somos. Ojalá llegue el día en que ser auténtico no llame la atención porque se haya convertido en la norma y no en la excepción. Sin duda, todos seríamos más felices.

COLUMNA 9
EL CLIENTE NO SIEMPRE TIENE LA RAZÓN

Luego de repasar minuciosamente los *shoppers* del domingo, llegué hasta una tienda por departamentos en Plaza Centro en Caguas para buscar las bolitas del árbol de Navidad a precios que nos encantan.

Imposible para mí olvidar que fue en aquella tienda donde recibí, en los tiempos universitarios, mi primera oportunidad de trabajo. Me ganaba unos chavitos como cajera que venían muy bien para completar los gastos y siempre sobraba algo para el jangueo. Entre las que allí trabajábamos las Navidades era la época más temida y ni hablar del Black Friday.

Las filas eran interminables y aumentaban las posibilidades de encontrar gente con actitudes difíciles. Gente como la señora con la que coincidí el pasado domingo mientras hacia mis compras navideñas.

Con actitud de "túmbame la pajita" le reclamaba a una empleada -que minutos antes gentilmente me había atendido- como si la joven fuera la dueña o accionista principal de aquella tienda en Puerto Rico.

Parecía una mezcla de Dr. Shoper con el secretario del DACO amanecidos después del viernes negro.

Independientemente tuviera razón o no en sus planteamientos, nada justificaba aquella actitud agresiva, sobre todo porque le atendían amablemente y tratando de resolverle. Todo por una confusión con el precio de unas bolas de adornos que de $5.99 estaban en $3.00.

Me identificaba mucho con aquella empleada, que nunca dejó de hacer lo necesario para atender a la rabiosa cliente. Fueron muchas las ocasiones, en aquel mismo espacio, que me tocó a mí recibir insultos de personas que llegaban en actitud de desprecio hacia nuestro trabajo. El mal trato les salía natural, no tenían que forzarlo, se les notaba desde que entraban por la puerta. Al igual que hizo la joven, nos tocaba tragar profundo y esperar a que el momento pasara porque "el cliente siempre tiene la razón". ¡Falso! Muchas veces no la tiene.

Experiencias similares viví como mesera, vendedora de ropa, de perfumes y otros trabajos que requerían servicio al cliente. Sencillamente hay personas que aunque las despidas con un beso y un abrazo nunca están contentas.

Recuerdo muy bien el mal rato que pasé con un cliente que atendí como mesera en el restaurante La Habichuela Colorá, todo por un bistec encebollao. Era tan hostil hacia mi persona que tuve que llamarle la atención solicitándole respeto. Mientras su pareja se metía debajo de la mesa, él se sorprendió con mi petición y de inmediato pidió disculpas, comentándome que ni cuenta se había dado de su animosidad. Su actitud cambió de inmediato, lo que le permitió pasar un momento *nice*, algo que también se vio reflejado en la propina... muy importante.

No hay razón ni derecho para ofender a quienes se ganan la vida dignamente ofreciéndonos servicios. Como cualquiera, pueden equivocarse. Puedo dar fe de que la inmensa mayoría hace el mayor de los esfuerzos para que las cosas salgan bien.

Ser amable nada cuesta; imaginemos que cualquiera de esos empleados pudiera ser algún familiar o incluso un hijo. Debemos tratarlos con el respeto y la cortesía que se merecen.

COLUMNA 10
EL BUEN TRATO NO SE OLVIDA

Cuando entrevisté en el programa al talentoso cantautor puertorriqueño Tommy Torres no pude aguantar las ganas de contarle cómo fue que lo conocí.

Estaba segura que él no tenía ni idea, pero yo sí recordaba la ocasión de manera muy especial. Trabajaba de mesera en "La Habichuela Colorá", un restaurante de comida criolla en Guaynabo que por algún tiempo fue el lugar de encuentro de mucha gente del mundo del espectáculo.

Era una mesera fajona que procuraba siempre dar el mejor servicio posible y agradecía mucho la propinita que caía. Con ella cuadraba las cuentas y mis estudios.

Atendiendo una mesa de 10 personas un día que el negocio estaba preñao de gente, al terminar de ofrecerles las bebidas, una de las personas del grupo se dirige a mí para reprocharme por no haber conocido al cantante: "Oye, ¿tú no sabes que este es Tommy Torres?", me dijo.

De inmediato Tommy lo increpó frente a mí, diciéndole con firmeza: "No vuelvas jamás a hacer eso", y se disculpó conmigo.

Así conocí a Tommy Torres. El cantante pudo guardar silencio, o peor aún, reírle la gracia al imprudente que lo acompañaba. Pero no. Le hizo saber a la mesera que reprochaba aquel comportamiento y que para él era importante que ella lo supiera. Aquel gesto me impactó. Me hizo tener del cantante una primera impresión que ni aun la interpretación a capela de una de sus maravillosas canciones hubiera superado.

Desde entonces no solo admiro su música, sino también a su persona. Estaba esperando el momento preciso para decírselo, y qué bueno que fue públicamente, pues se merece que la gente sepa que además de talentoso es un gran ser humano.

Esa primera impresión nunca se olvida, por lo que debemos hacer que siempre sea la correcta.

Hay reglas como el respeto que nunca podemos obviar, no importa la fortuna o la fama que disfrutemos. Todo lo que piensas que te hace superior a los demás puede desaparecer en un abrir y cerrar de ojos.

Hoy la vida nos sonríe... mañana no sabemos. Los que dejan que los humos se les suban a la cabeza y piensan que los tiempos buenos serán permanentes van a sufrir más que nadie cuando les lleguen las vacas flacas. Se les hará más difícil enfrentar esos momentos, pues no serán muchas las manos disponibles para ayudarlos a levantarse.

El trato que les ofreces a los demás te retrata tal y como eres. Lo correcto es que tratemos a todos por igual. A quien gentilmente nos atiende en una mesa, en la caja registradora de un supermercado, en el valet parking o donde sea. No debemos ajustar nuestro comportamiento dependiendo con quién tratamos; el buen trato y el respeto debemos mostrarlos siempre.

Además, nunca se sabe cuándo y en qué circunstancias volveremos a encontrarnos con esa persona. Como le pasó a Tommy Torres muchos años después con la mesera de aquel restaurante de Guaynabo.

COLUMNA 11
HAY QUE EVITAR TENER LA "MECHA CORTA"

Conversaba con un grupo de amigas en un encuentro que coordinamos para celebrar por adelantado mi *happy birthday*. (Ya son 39 añitos).

Como de costumbre los temas de actualidad dominaban la conversación. Eso fue así hasta que una de las compañeras, luego de un suspiro profundo, dijo en voz alta: "Yo no sé a ustedes, pero a mí cada vez se me hace más difícil el 'corre y corre' con los nenes. Termino los viernes esbaratá".

Aquella expresión dio paso a una terapia grupal de desahogo que todas necesitábamos. Aunque las circunstancias de cada una eran diferentes, todas nos sentíamos con el agua hasta el cuello. Todas trabajamos, y algunas en más de un sitio para empatar la pelea.

Además, el día comienza muy acelerado. Levantamos a los hijos temprano, luego el desayuno y prepararlos para la escuela. Salir a trabajar, lidiar con las situaciones del día, recoger a los chicos en la tarde y llevarlos a sus actividades extracurriculares. Preparar comida y sentarnos con ellos a estudiar, echarles la bendición, acostarlos y levantarnos nuevamente con la misma rutina.

Algunas tenemos la ayuda de nuestros esposos, otras tienen la carga completa, pero cuando se trata del bienestar de nuestros hijos no hay carga, por pesada que parezca, que una madre comprometida no esté dispuesta a echarse sobre sus hombros.

Esa es la realidad que le ha tocado vivir a nuestra generación. Somos madres y proveedoras, lo que lejos de abrumarnos, debe hacernos sentir orgullosas y realizadas.

Sin embargo, no por eso vamos a dejar de reconocer lo duro que resulta el trabajo, complicándose aún más cuando nuestro estado de ánimo no es el mejor, como era el caso de la amiga que estaba atravesando por un momento difícil.

Nos comentaba sobre lo mal que se sentía al notar que había regañado mucho a sus hijos la pasada semana y reconocía que se había convertido en una "madre mecha corta", lo que hacía que explotara por cualquier cosa.

"Esta semana tengo que hacer ajustes y recuperar terreno con los nenes. Tengo que sacar el ánimo de donde sea y compartir con ellos como se merecen", nos comentaba mientras recibía de nosotras una respuesta solidaria, pues todas hemos pasado por esos momentos.

Pero lo más importante ella lo dejó claro: bajo ninguna circunstancia nuestros hijos pueden afectarse. Se le podía estar cayendo el mundo encima, pero ella estaba decidida a que, luego de terminar nuestra reunión de amigas, se iba a secar sus lágrimas y con la mejor cara posible se sentaría con sus hijos a compartir. En este caso tenía pendiente hacer las complicadas asignaciones.

Aquella confesión hacía inevitable que todas las presentes reflexionáramos, pues detenernos de vez en cuando a evaluar cómo la rutina del trabajo está afectando las relaciones en el hogar siempre resulta necesario.

Por cansados que lleguemos a la casa y por lastimado que pueda estar nuestro ánimo, debemos evitar a toda costa que nuestros hijos se afecten. Por eso la pausa es importante, pues pudiera ser que ni cuenta nos demos de que el tono de voz que estamos usando no es el adecuado y que los regaños ya se han convertido en algo rutinario.

Como nuestra compañera de mesa haría al llegar a su casa, a todos nos toca hacer los ajustes que sean necesarios para mejorar nuestras relaciones en el hogar.

La vida nos obliga a la evaluación y al ajuste continuo en todo lo que hacemos, pero sobre todo en las relaciones con nuestros seres queridos

Bueno, aquella reunión terminó con las chicas cantándome el tradicional *happy birthday* y yo soplando la velita.

Luego de aquel testimonio, mi deseo no podía ser otro que tener mucha salud para poder seguir "peleando" y luchando en favor de mis hijos.

De eso se trata la vida, lo demás es *frosting*.